Building the Road to Success

By Jorge Fernandez de Cordova

Publicado por
Jorge Fernandez de Cordova
Fontana, CA

ISBN
978-0-6151-5490-9

EXITO

Mucha Gente Sueña en
el Éxito,

Mientras Otra Gente
Vive Para

Destruir Esos Sueños.

Felicidades por la compra de este libro. Estas a punto de comenzar una aventura que te recompensara por el resto de tu vida...

Alguna vez has estado en situaciones donde parece que no avanzaras a ningún lugar, te sientes inadecuado, o no puedes enfrentar la vida con entusiasmo y confianza. Entonces, este libro es para ti. Si estas ya cansado de la mediocridad y no estás contento con llevar una vida al ahí se va, estas páginas te ofrecerán una alternativa.

Por favor mantén una mente abierta y receptiva a nuevos conceptos, valores y creencias, y pronto descubrirás el potencial que llevas dentro.

Cuando aprendas a reorganizar tu proceso de pensamiento, vas a despertar al NUEVO YO!

No importa quién seas, de que origen seas, que nivel de educación tengas, o cual sea tu situación, TU puedes alcanzar el éxito y desatar el potencial que llevas dentro.

Este libro está dedicado a mí
Familia:
Mi adorada esposa, Blanca, mi impresionante hijo, Jorge,
Y mi futura hija América que ya mero nace.

RECONOCIMIENTOS

Quiero empezar primero dando gracias a Dios mi Señor y salvador, porque sin él no hubiera estado aquí escribiendo este libro, también quiero agradecer a mi esposa, Blanca, y mi hijo, Jorge.

Gracias por darme el espacio necesario para permitirme hacer lo que necesito hacer. También quiero agradecer a mis padres, Jorge y Linda, así como a mis hermanas, Erika y Pamela, y mi hermano, Héctor, por su incansable amor y soporte.

Sería muy difícil reconocer cada una de las personas de las cuales he tomado prestadas tantas ideas, pero insisto en reconocer a algunos por su nombre.

Quiero agradecer a mis mentores, Mike Litman, Brian Litman, Art Williams, Héctor La Marque por su excelente trabajo en ayudar a otra gente a alcanzar sus metas.

Al Dr. Robert Anthony por sus increíbles programas y libros en el área de superación personal, y las escrituras de Napoleón Hill, Ralph Waldo Emerson, y muchísima más gente exitosa de la cual he aprendido muchas cosas.

TABLA DE CONTENIDOS

12

INTRODUCCION

Mí Historia

Quisiera comenzar contándote mi historia, de donde vengo y donde me encuentro ahora.

Yo nací y crecí en la Ciudad de México. Ahí fui a la escuela, me gradué de la preparatoria, y acababa de empezar mi carrera en el área de medicina. En ese punto en mi vida sabía lo que quería hacer, quería ayudar gente. La verdad no estaba tan seguro si la medicina sería una buena posición para mí, pero lo que si tenía bien claro, era que quería ayudar. Estudie 6 meses de carrera cuando de pronto algo entro en mi mente que sentía en ese momento que lo debía realizar, y eso era el hecho de aprender ingles.

Una de las mayores razones por la cual yo quería aprender el idioma era porque, la mayoría de los libros de medicina eran escritos en ingles, y yo quería aprender a leerlos sin ninguna dificultad.

De pronto, una idea; como tenemos conocidos en California, Estados Unidos. Pensé a mí mismo "Si pudiera convencer a mi papa que me deje ir a California a aprender el ingles por un año, seria genial" Y así lo hice, mis planes eran el de aprender ingles y regresar a México a terminar mi carrera en medicina, luego hacer una especialidad en Estados Unidos.

Así para entonces ya se hablar ingles, y el aprender no sería ningún problema.

Finalmente, después de tanto rogarle a mi papa, me dejo ir, platicamos con nuestros amigos de California, y ellos aceptaron recibirme en su casa. Y ahí me tienen, Mayo de 1999 me encontraba volando miles de millas lejos de casa.

Llegue a Estados Unidos y lo primero es lo primero, Tenia que conseguir trabajo. Así que fui y conseguí trabajar en un restaurante de comida rápida como cocinero. El trabajo era bueno para aquel entonces, pero yo sabía que eso no era la que yo quería hacer por el resto de mi vida, así que me quede ahí por cerca de 11 meses antes de reclutarme en el ejército.

Cuando tenía 14 años, uno de mis sueños era el de convertirme en un soldado de la marina o mejor conocidos como Marines en ingles. De poco a poco me iba acercando a mi meta, ya vivía en Estados Unidos, y ahora lo que necesitaba hacer era buscar una oficina de reclutamiento y mas información.

Conocí a mi esposa en el trabajo (ella era mi jefa, OK está bien, sigue siéndolo) y para mi suerte, su hermano era un Marine, me dije a mi mismo, "Yes" sabía que si podía hablar con el acerca de empezar una carrera militar, el me diría donde quedaba la oficina de reclutamiento.

Fui a ver al reclutador, y en cuestión de minutos ya estaba tomando mi examen para calificar. Obviamente en aquel entonces yo no hablaba casi nada de ingles, pero mi DESEO de aprender el idioma y de convertirme en un honorable y respetable Marine, no era nada más que un reto a vencer, y yo estaba dispuesto a enfrentar el reto.

Tome mi examen, y lo pase, una semana después me informo mi sargento que me habían aceptado, y que solo tenía que hacer un examen más en la Estación de Proceso para la Entrada a la Milicia (Military Entrance Processing Station por sus siglas en ingles MEPS) donde tenía que realizar mi proceso final y exámenes médicos, en 2 semanas comenzaba mi entrenamiento básico en el centro de patadas (Boot Camp)

Así que tuve que tomar unas vacaciones rápidas a México, e informarles a mis padres que ya me habían aceptado en el ejército. Para ser honestos, nunca pedí la aprobación de mis padres para entrar al ejército, siempre que les mencionaba, me decían que estaba loco, y la verdad tenían mucha razón. Así que estoy seguro que las noticias les cayeron como gancho al hígado, pero era algo que yo sentía que debía realizar, algo dentro de mi me quemaba en deseos de entrar al servicio.

Mis padres estaban en shock al principio, mi papa me dijo "La verdad no estoy muy de acuerdo con eso, pero si es lo que quieres, tienes mi bendición." Ese fue uno de los mejores momentos de mi vida.

Ahora ya era tiempo de volar nuevamente a Estados Unidos y preparar todo para irme a MEPS.

Mientras tomaba mi examen médico, uno de los doctores que estaba auscultándome, empezó a conversar conmigo, obviamente no le entendía lo que me decía. Con lo poco de ingles que podía entender, entendí un poco cuando me pregunto. A qué servicio vas a unirte, Army, Navy, Air force, o a los Marines? (para esto los Marines son el servicio más duro que existe en el mundo entero, son los únicos encargados de cuidar las embajadas estadounidenses alrededor del mundo, y los únicos autorizados de cuidar la casa blanca, así que el entrenamiento y la entrada son los más difíciles que de cualquier otro servicio) le dije que a los Marines. Hubieran visto la cara de el Doctor cuando le dije, su quijada cayó al piso, se le saltaron los ojos, y lo único que me dijo fue "Buena suerte muchacho, no creo que vayas a sobrevivir."

Yo sabía que el doctor estaba equivocado, como no voy a sobrevivir mi sueño.

Así que ya una vez finalizado el proceso de papeleos y chequeos, ahí me tienen, haciendo el juramento militar, yo no sé ni que decía, yo nada mas repetía lo que escuchaba. Nunca supe a lo que me estaba involucrando hasta que llegue a Boot Camp en Mayo del 2000.

Mi Tiempo en boot camp fue muy placentero (si como no?) Tenía instructores gritándonos, y enseñándonos todo lo que teníamos que aprender para convertirnos en Marines, aunque yo no tenía ni pista de lo que estaba pasando, pues no podía entender mucho.

Si yo no hubiera tenido esa pasión y ese deseo que me quemaba para convertirme en Marine, yo creo que hubiera renunciado mucho antes de comenzar. Pero que hace la gente exitosa para triunfar en la vida, en vez de correr y renunciar a mis sueños y metas, le pedí a mi esposa (mi novia en aquel entonces) que me enviara un diccionario. De un modo u otro yo iba a buscar la forma de aprender y demostrarle a todos los que nunca creyeron en mí, que ellos estaban equivocados. Por cierto me llevo 3 meses aprender ingles, los mismos 3 meses que dura el entrenamiento básico en los Marines (cada vez que tenia chance, leía mi diccionario para aprender ingles)

Me gradúe de mi entrenamiento en Agosto del mismo 2000. Hice todo lo que tenía que hacer, fui a diferentes escuelas y clases, hasta que finalmente llegue a mi estación de servicio en Camp Pendleton (Camp Pen-l-ton) California en Diciembre del 2000.

En Abril del 2001, fui trasferido a otra compañía dentro del mismo batallón.

En Agosto del 2001, fui a mi primer viaje de 6 meses en barco, era increíble por fin estaba viviendo mi sueño, y me había convertido en un honorable Marine, obtuve mi especialidad en armas, fui designado a una estación de servicio y ahora me encuentro por 6 meses patrullando a el mundo en barco.

Durante mi viaje, desafortunadamente, las torres gemelas fueron derrumbadas mientras nos encontrábamos entrenando en Australia, era tiempo de prepararnos para lo que estaba a punto de suceder. Fuimos los primeros en llegar a Afganistán. Nuestro viaje de 6 meses se convirtió de 7 meses, y lleno de experiencias.

En medio de toda esta locura, estaba haciendo lo que siempre había querido hacer, AYUDAR A OTRA GENTE, que mejor manera de hacerlo que sirviendo a mi país con orgullo y honor.

Pocos meses después de regresar a Estados Unidos, fui enviado a Irak, en Enero del 2003, por un periodo de 5 meses, y mientras todo esto sucedía, mi esposa estaba embarazada de mi hermoso hijo. Eso si es un reto, dejar a mi esposa en el tiempo donde ella más me necesitaba, pero no tenia opción.

Ustedes ya sabes el resto de lo que sucedió en Irak.

Hoy, soy dueño de 3 increíbles negocios, y no hay nada que me pueda prevenir o detenerme por alcanzar mis sueños y mis metas.

Lo que estoy tratando de decir con mi historia, es que no importa quién seas, que pasado tan limpio u oscuro hayas tenido, o en qué situación te encuentres en tu vida, tú puedes ALCANZAR tus metas. Una vez que tienes el deseo y el enfoque todos los días para realizar tus sueños, no habrá nada ni nadie que pueda detenerte, pero mucha gente tiene miedo al cambio.

El cambio es una cosa natural, y es una parte fundamental de la vida. Si no existiera el cambio, donde se encontraría este mundo?

TRABAJO DE CHANGOS

19

"Si no haces un cambio, tu vida será igual para siempre…"
-Dr. Robert Anthony

Un Grupo de científicos, decidió realizar un experimento de comportamiento. Pusieron 5 changos en una jaula, con una escalera y un racimo de plátanos colgando de la parte de arriba de la jaula.

Después de unos momentos, los changos comenzaron a tener hambre, así que uno de los changos se las ingenio para abrir la escalera y ponerla justo abajo del racimo de plátanos.

Cada vez que un chango se subía a la escalera para alcanzar los plátanos, los científicos les echaban agua helada para que se bajaran. Luego de un rato, otro chango trato de hacer lo mismo, terminando exactamente en lo mismo, agua helada!!! Y así siguió cada vez que algún primate se acercaba a la escalera, hasta que llegaron al punto de no acercarse más.

Los científicos ya tenían la base de su experimento, así que era hora de meter un chango nuevo, y sacar uno viejo. Después de un tiempo, el chango nuevo decidió ir a la escalera para subir por los plátanos, cuando de repente otro chango lo agarro y lo bajaron a golpes. Obviamente el chango nuevo estaba espantadísimo, ya que no sabía que estaba pasando, y al rato que intenta de nuevo, lo mismo vuelve a pasar, los otros changos lo bajan a bola de golpes.

Y así hasta que el chango entendió su lección y no volvió a tocar la escalera, ya que no quería que lo golpearan otra vez.

Entonces decidieron meter otro chango nuevo y sacar a otro viejo, y otra vez después de un rato, al chango nuevo le da hambre y decide subir por la escalera para alcanzar los plátanos, cuando de pronto el chango pasado lo agarra del pie y lo bajan a golpes, una buena oportunidad para el chango pasado de desquitarse, y así siguió hasta que el chango entendió la lección.

El plan científico avanzo así, hasta que los científicos remplazaron a todos los changos y el mismo caso se dio cada vez que un chango era introducido en la jaula y decidía agarrar la escalera, le tocaba nada más que golpes.

La conclusión fue que, los changos nuevos no sabían la verdadera razón la cual los primeros changos los golpeaban por agarrar la escalera. Ellos nunca supieron sobre el agua helada. Todo lo que ellos sabían era que si tú tocabas la escalera, te iba a ir muy mal, y nunca se molestaron en investigar por qué?

Bueno, muchos de nosotros actuamos de igual manera, realizamos cosas de un cierto modo sin saber el verdadero porque las hacemos así.

Otra historia, es acerca de una muchacha la cual cada vez que cocinaba pavo, lo cortaba por piezas para ponerlo en la charola y cocinarlo. Cuando se le pregunto porque lo hacía, su respuesta fue "Por que mi mama siempre lo hacia así."

Después, a la mama se le pregunto que por que cada vez que cocinaba pavo, lo cortaba en piezas, lo pone en la charola y luego a cocinarlo. Su respuesta fue "Por que mi mama siempre lo hacía así."

Ahora se le pregunto a la abuela porque cocinaba el pavo así, y para su sorpresa la respuesta fue, "Bueno la razón es simple, mi horno era muy pequeño, y esa era la única manera de poder meter todo el pavo a cocinar."

Sorpresivamente, así de igual manera realizamos varias acciones porque creemos que ese es la única manera o que creemos que así se debe realizar sin realmente explorar la verdadera razón.

Los primates no tenían que haberse golpeado por tan solo agarrar un plátano. Pero los changos nuevos nunca supieron lo del agua helada. Y la muchacha no tenía que cortar el pavo cada vez que lo cocinara, si tan solo ella hubiera sabido la verdadera razón la cual su abuela lo cocinaba de esa manera.

Así que pon mucha atención a las cosas que realizas, y pregúntate, si esa es la única forma de hacerlo? o porque tu familia realiza las cosas de un cierto modo a través de las generaciones.

ERES PRISIONERO DE TUS CREENCIAS?

"Algunas cosas tienen que creerse antes de verse…."
-Ralph Hodgson

Que son creencias? Vamos a ponerlo de este modo, creencias son la información consiente e inconsciente que hemos aceptado como verdadero, y esto forma las bases de nuestra conducta.

Nuestras creencias nos mantienen prisioneros y nos prohíben el acceso a lo que es *REAL*. Solamente vemos lo que

queremos ver y rechazamos todo lo demás.

La verdad nunca puede ser revelada al que se dice ser "firme en sus creencias." El tipo de persona que siempre esta catalogando los "hechos." El no quiere reconocer nada fuera de sus creencias y todo parece y le suena como amenaza y obviamente está en desacuerdo con todo.

Se pasa la vida criticando todo lo que es nuevo o diferente catalogándolo como "malo" o "inaceptable," No puede ni quiere entender que la verdad, *Sin importar que tan dolorosa sea, siempre por su propia naturaleza es* "buena" y una mentira, *sin importar que tan enamorado estés con ella, siempre por su propia naturaleza es* "mala."

La persona que se dice llamar "firme creyente" no tiene opción de cambiar su mente. Esto por lo consiguiente lo convierte en un ignorante. El solamente puede aceptar todo lo que se encuentre entre sus creencias.

Si quieres realizar un cambio en tu vida, primero tienes que entender la raíz de tus problemas. Esto se encuentra en medio de tus "certezas equivocadas"

Certezas Equivocadas, son cosas que tu estas seguro que son ciertas, pero de hecho, no lo son. Ellas están basadas en ilusiones las cuales distorsionan la realidad y te guían al Auto-engaño.

Queremos que las cosas sean tal como queremos que sean, en vez de aceptar las cosas tal como son. Tu solamente puedes *cambiar el mundo* hasta el punto donde puedas cambiarte a ti mismo, y solamente podrás *cambiarte a ti mismo* hasta el grado que estés consiente de tus certezas equivocadas.

Emerson dijo, "Nosotros somos lo que pensamos todo el día." Todo lo que te está pasando en este momento en tu mundo mental, espiritual, físico y emocional son el resultado de todo lo que está pasando en tu mente.

Acéptalo! Todos encontramos difícil de cambiar nuestro nivel actual de conocimiento.

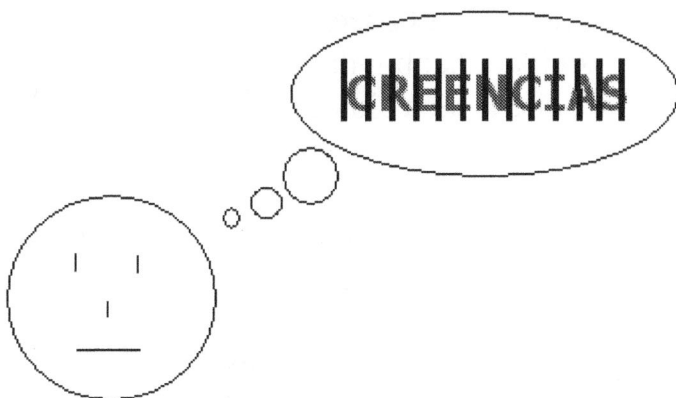

DESATA EL PODER PARA EL CAMBIO.

Una vez, William Shakespeare dijo, "Sabemos lo que somos, pero no lo que podemos ser."

Serás este tú? Cuanto tiempo en el día te la pasas concentrándote en tus limitaciones, tus fallas, en tus metidas de pata, raramente parando para pensar en lo que realmente puedes llegar a ser?

El problema aquí comienza desde tu infancia. Hemos sido condicionados con falsos conceptos, valores y creencias las cuales nos han detenido para descubrir que tan talentosos y únicos somos en realidad.

Las buenas noticias son que tú eres el co-autor de tu vida, y como tal tienes el poder de cambiar todo lo que no te guste. Toda gente exitosa sabe que no puedes buscar fuera de ti mismo para solucionar tus problemas.

Buddha dijo, "Se una lámpara sobre tus propios pies y no busques fuera de ti." Tu Posees poderes auto curativos para la salud, la felicidad, la abundancia, y la tranquilidad de tu mente una vez que rompas los enlaces de tus pensamientos negativos.

Aléjate de gente negativa. Cualquier persona que trate de detenerte o trata de que te atrases, no quiere que triunfes.

Nada cambiara hasta que tú lo hagas. El cambio empieza con la decisión de querer cambiar.

Quiero que hagas una pequeña pausa aquí y te preguntes si estás listo para hacer un cambio? Pero antes, quiero advertirte que el cambio no va a ser fácil, y muchas veces no es placentero, pero si no te esfuerzas y das ese extra paso para ti mismo nunca crecerás.

"Si haces lo que otros no hacen, tendrás lo que otros no tendrán…"

Esto es totalmente tu decisión.

DEJA DE COMPLACER A OTROS.

Bill Cosby una vez dijo, "Yo no sé cual sea el secreto del éxito, pero si se cual es el secreto del fracaso y es tratar de complacer a otros."

Acaso tú tratas de complacer a otros? Te preocupas por el que dirán o que estarán hablando de ti? Estas tratando de hacer a otros felices con tus decisiones?

"Si no diseñas tu propio plan de vida, los chances van a ser que caerás en los planes de otros, y adivina que tendrán planeado para ti? Probablemente nada"
--Jim Rohn

Si no tienes una meta clara de lo que quieres, o lo que quieres hacer, lo más probable es que terminaras trabajando para alguien que si la tiene.

Deja de complacer a otros y de tratar de salvar al mundo sin antes….

Salvarte a ti PRIMERO!

Léelo de nuevo.

Tú tienes que ayudarte a ti primero. Limpia tu propio jardín antes de empezar a limpiar el del vecino.

No es tu trabajo complacer a otros, no importa quién te haya dicho eso.

Mucha gente usa la filosofía de ayudar a otros como una forma de escaparse de las responsabilidades de cambiar sus vidas. Ellos dicen cosas como "Mi esposo(a) deben ser primero, novios, novias, iglesias, familias o simplemente que el mundo tiene que ser primero."

No hagas eso, No trates de correr de tus responsabilidades.
Tu propio bienestar debe ser primero.

Tu sabes lo que los doctores hacen en caso de un desastre ya
sea un terremoto, etc.? Son los primeros en salir del edificio.
Por qué?

Porque no salvan a los pacientes primero? Porque no tratan
de sacar otra gente del edificio primero? Por qué?

La respuesta es simple. Porque de nada nos sirven si se
mueren o se quedaran atrapados dentro del edificio. Al
salvarse a ellos mismos, podrán ayudar a otra gente que haya
sido afectada.

Así es como la vida funciona. No tienes que tratar de
entenderla. Así es y punto.

Ayudas más gente ayudándote a ti mismo.

TUS HABITOS DETERMINAN TU FUTURO.

Probablemente no estarás consciente de esto, pero tus hábitos juegan un papel muy importante en la creación de tu vida.

Déjame comenzar por definir los hábitos.

Que son Hábitos?

Los hábitos son cosas que hacemos tan seguido que llegan a ser fáciles. Básicamente, es una conducta que seguimos repitiendo. Si persistes en desarrollar nuevas conductas, eventualmente llegaran a ser automáticas.

Vamos a ponerlo de este modo.

Recuerdas cuando aprendiste como conducir? Al principio parecía difícil. Quizás para otra gente hasta imposible. Pero una vez que te encuentras detrás del volante y comienzas a practicar, tus miedos van desapareciendo. Lo haces una y otra vez hasta que se te hace fácil, verdad?

Todas las cosas al principio parecen difíciles y duras hasta que aprendemos como hacerlas, y luego se nos hacen fáciles.

Ahora, vamos un poquito más lejos, que tal cuando manejaste un automóvil de transmisión estándar? Si tú aprendiste a manejar en transmisión estándar o manual, probablemente al principio estabas algo nervioso, verdad? Nunca lo has hecho. Uno de los mayores retos es el coordinar los pedales del clutch y el acelerador, para así tener un arranque suave y ligero (de otro modo parecerías "APOLO 13," "Houston tenemos un problema.") Sin embargo, después de alguna práctica, y tiempo, se convierte en parte de ti y no ya no tienes la necesidad de pensar en los cambios otra vez.

Acabas de crear un nuevo diseño.

Conforme avanza la vida, creamos un sistema de hábitos que al final van a crear la vida que queramos vivir. Creamos estos hábitos inconscientemente. Tal vez no lo sepas, pero estos hábitos son las cosas que te han estado deteniendo en la vida, así que PARA de acusar a otros por tus fallas.

> *"Los resultados de tus malos hábitos no se presentaran hasta más tarde en tu vida."*

Mucha gente vive por la gratificación inmediata. Compran cosas que no pueden permitirse ahora, dejando de hacer pagos lo más que se pueda.

Los hábitos negativos crean consecuencias negativas. Los hábitos exitosos crean recompensas positivas. Te guste o no, *así es como trabaja la vida.*

Si constantemente excedes de tu ingreso y gastas más de lo que haces, tu resultado final por ese mal habito, será la BANCARROTA! Puede que no te guste, pero si sigues repitiendo el mismo mal habito, eso será lo que obtendrás. Serias consecuencias.

En el otro lado, si empiezas a crear hábitos positivos, tus recompensas serán muy placenteras.

Si quieres vivir por más años, tienes que cambiar tus hábitos para crear unos saludables. Haz ejercicio por lo menos 3

veces por semana, come saludable, y por qué no, lee
materiales que te ayuden a desarrollar ese habito (libros,
revistas, etc.)

Desarrollar hábitos positivos lleva tiempo. No esperes
resultados de la noche a la mañana, o para la siguiente
semana. Dale tiempo y se muy disciplinado sobre todo.

IDENTIFICA TUS MALOS HABITOS.

Te voy a mencionar unos cuantos malos hábitos, que
probablemente te identificaras con algunos de ellos.

-No regresar llamadas a tiempo.
-Llegar tarde a citas y juntas.
-Traer tu teléfono celular
prendido todo el tiempo.
-Contestar el teléfono durante
comidas familiares.
-Manejar el correo más de una
vez.
-Apagar la alarma varias veces
antes de levantarse de la cama.

Estos son algunos de muchos que
existen.

Ponte atención y haz una lista de
todos los hábitos que te están
manteniendo alejado de la productividad y de alcanzar tus
metas. Tomate una hora o más para que realmente puedas
pensar en este proceso. Planea esta hora con anticipación,
para que no te interrumpan.

Pregunta por opiniones. Habla con la gente que realmente admires y respetes, pero que tambén te conocen bien. Pregúntales que observan de tus malos hábitos. Lo que buscas aquí es consistencia. Que quiero decir con eso, que si hablas con 10 personas y 8 de ellas te dicen que siempre llegas tarde a las citas, pon más atención, es una pista que te ayudara en el comienzo.

EL COMPORTAMIENTO EXTERIOR ES LA VERDAD, MIENTRAS QUE LA OPINIÓN INTERNA DE TU COMPORTAMIENTO ES A MENUDO UNA ILUSIÓN.

No hagas los mismos errores, si ya identificaste un mal habito, haz todo lo posible por cambiarlo.

Tú puedes cambiar consecuencias negativas, por recompensas positivas,
Simplemente Cambiando Tus Hábitos Ahora.

CAMBIANDO TUS MALOS HABITOS.

Haz de pensar que cambiar tus hábitos es una tarea difícil. Estresante, y casi casi imposible, verdad?

Equivocado.

Qué te parece si te digo que solo te llevara "21 días" o "3 a 4 semanas." Excelentes notician no crees?

Ahora puedes sentirte con menos presión cuando cambies tus hábitos.

La gente exitosa sabe que tus hábitos determinaran tu futuro. Aprende a observar esos malos hábitos; te ayudara a crear nuevos hábitos que te ayudaran a crecer.

Una corta historia que me gustaría compartir contigo, y probablemente muchos se sentirán identificados. Yo era pésimo para despertarme en las mañanas. Apagaba el despertador como 30 veces antes de levantarme, solo para ver que ya se me hacia tarde.

Tenía que salir disparado al baño, tomar un baño si el tiempo lo permitía, no me daba tiempo de almorzar en las mañanas, me tocaba todo el tráfico, llegaba tarde al trabajo, etc. Piénsalo, todo me pasó, era terrible.

Todo eso por un solo mal habito.

Tenía que hacer algo, no me gustaba estar así. Siempre saliendo a la carrera a todos lados, porque no sabía cómo controlar y cambiar mis malos hábitos.

Claro que el cambio no fue fácil, especialmente cuando requiere que me levante súper temprano cada mañana, pero no tenía otra opción, era eso o seguir viviendo de el mismo modo, "Siempre a la carrera."

Deje de poner mi despertador a lado de mi cama, en vez, lo puse al otro lado de el cuarto, de ese modo me tenía que parar a apagarlo.

Lo ponía con el agonizante zumbido, porque la música me arrullaba y me ponía a dormir otra vez.

Luego, puse a mi esposa a que me ayudara a seguir mi plan de comenzar a levantarme temprano. Si no despertaba, tenía mi último recurso. MI ESPOSA ME PATEABA FUERA DE LA CAMA. Puedes estar seguro de que funciono bastante bien. Nada más me llevo una vez que me despertara y créeme, desde entonces TODO FUNCIONA MUY BIEN!!!

Lo mejor fue que después de 21 días de repetir el mismo habito, era mas difícil dejar de hacerlo que seguir haciéndolo.

Una vez que el nuevo hábito se ha desarrollado, se convierte en tu nueva conducta normal.

Si otra gente puede desarrollar cambios significativos, Porque tu no? Como te dije antes, nada cambiara hasta que tú lo hagas. Empieza a crear hábitos de éxito que te darán más libertad y más tranquilidad.

La vida es una experiencia para aprender, y cada persona de éxito con quien platiques te dirá lo mismo. Vive tu vida siempre tratando de ser mejor, eso te ayudara a crear carácter.

Estudia a la gente de éxito y pon mucha atención a sus hábitos, eso te ayudara a crear un plan en el comienzo.

Recuerda…

> "Si sigues haciendo lo que llevas haciendo, seguirás teniendo lo que siempre has tenido."

LA FORMULA DE EXITO TRES.

Déjame darte una formula paso a paso para ayudarte a crear nuevos hábitos. Esta fórmula es muy simple, para mantener tu mente calmada, no se requiere ninguna calculación matemática ni siquiera una estrategia complicada y mucho menos una receta mágica. Lo mejor es que puedes aplicar este método en cualquier área de tu vida que necesites mejorar.

1. IDENTIFICA TUS MALOS HABITOS

Hace un rato te dije acerca de identificar tus malos hábitos, escríbelos, y pregunta a la gente que admires y respetes, por opiniones. Si no estás alerta de tus hábitos, busca por consistencia en las respuestas que consigas. Eso te ayudara a analizar lo que otra gente ve en ti. No te enojes ni te pelees por las respuestas, en vez, se abierto y acepta el criticismo, siempre y cuando sea constructivo. Créeme es para tu beneficio.

Cuando observas tus malos hábitos o tu conducta, puede no parecerte tan mala, no te dejes engañar por eso, puede no parecerte tan malo, pero obsérvalo de un modo a largo plazo. Por ejemplo, un fumador dice "Que tiene de malo unos cuantos cigarros al día? Me ayuda a relajarme y me libera del estrés." Sin embargo, 20 años después cuando este en la oficina del doctor, vera una foto horrible de sus pulmones a través de los rayos X.

Solo considera esto, si fumas 5 cigarros por día por veinte años, ese es un total de treinta y seis mil quinientos cigarros. Que impacto crees que puedan tener 36,500 cigarros en tus pulmones? Es más, las consecuencias podrían llevarte a un final mortífero.

Cuando examines tus propios hábitos, considera las consecuencias a largo plazo. **Se honesto contigo mismo, tú puedes controlar tu futuro ahora.**

2. ESCOGE TUS NUEVOS HABITOS EXITOSOS

Esto es simple, es solamente lo opuesto a tu hábito malo. Para motivarte, piensa en los beneficios y recompensas que tendrás al adoptar tu nuevo hábito. Cuanto más visual y detallado sea la descripción de los beneficios, cuanto más pronto vas a tomar acción.

Piensa en el fumador, si el dejara de fumar ahora mismo, y cambiara su mal habito por uno que fuera saludable, piensa en los beneficios. En primer lugar vivirá mas tiempo, el tendrá pocos o ningún problema de salud en el futuro, y por qué no!!! Hasta tendrá más dinero en la bolsa cada mes.

Ahora puedes ver por qué es importante enfocarte en la recompensa? Eso puede ser más emocionante y motivador.

3. CREA UN PLAN DE ACCION

Ok aquí es donde se pone más emocionante, tienes que comenzar ayudándote a ti mismo, empieza a leer acerca del tema que estas buscando en particular para desarrollar tu nuevo hábito, puedes usar hipnoterapia, puedes tener a un miembro familiar que te recuerde. Lo más importante aquí es tomar la decisión de cuáles van a ser tus pasos a seguir.

Mantente alejado de fumadores, usa un parche de nicotina, igual y hasta puedes hacer una apuesta con algún amigo o familiar de que vas a seguir tu plan a l pie de la letra. Lo importante es poner tu plan de acción y seguirlo como si tu vida dependiera de ello. Puede ser que algún día así lo sea.

Una vez más recuerda, Nada va a cambiar hasta que tú lo hagas.

Que estas esperando? Agarra un pedazo de papel, y un lápiz y empieza a identificar tus malos hábitos y crea tu plan de acción.

Usa este formato para ayudarte a comenzar.

Mis Malos Hábitos

1. *Regresar la alarma muchas veces antes de levantarme*
2. *No regresar llamadas a tiempo*
3. _____
4. _____
5. _____

Mis Nuevos Hábitos de Éxito

1. *Despertarme más temprano*
2. *Regresar llamadas como lo prometido*
3. _____
4. _____
5. _____

Mi Plan de Acción

1. *Poner mi alarma lejos de mi cama*
2. *Poner un recordatorio en mi teléfono y escribirlo en un papel, poniéndolo sobre el teléfono para recordarme.*
3. _____
4. _____
5. _____

Puedes utilizar este formato como guía para ayudarte en tu proceso de cambio de hábitos, al final del libro pondré una forma en blanco que podrás utilizar para hacer copias o escribir en ella.

TOMANDO ACCION.

"Sin acción, no habrá resultados…."
-Jorge Fernández de Córdova

Eres del tipo que le gusta poner las cosas a un lado?

Dejas todo para el último minuto?

Por ejemplo, sabes que tienes que pagar tus facturas cada mes, por lo menos 5 días antes de la fecha de vencimiento, pero en vez de tomar responsabilidad y pagarlos a tiempo, te esperas hasta el último momento. El día antes de que se te venza. Ahora que pasa, tienes que mandar el pago el mismo día teniendo que pagar los cargos extras, el estrés que te ocasionas, y para colmo te llevas a tu familia entre las piernas en todo tu lio, creando

mas ansiedad y desconforme. De algún modo buscas la forma de realizar el pago y te dices a ti mismo (a) "nunca voy a volver a hacer esto…" y que pasa el siguiente mes? Repites exactamente lo mismo, una tras otra y tras otra, verdad? POR QUE?

Bueno, desafortunadamente, ese es tu hábito. Esperar hasta el último minuto. No lo puedes negar, eres flojo.

Déjame te digo que casi toda la gente flojea de vez en cuando, a veces es bueno, pero la mayoría de las veces es malo. Los exitosos también flojean, la diferencia es que ellos saben cómo organizar su tiempo y ponen una hora para su descanso.

No todo en la vida es trabajo y estudio. Hay más cosas que ver y que hacer en esta vida que solamente trabajo, y es bueno tomarse un descanso de vez en cuando.

Yo soy de las personas que opina que si voy a trabar duro, también debo de jugar duro.

Pero, como te deshaces de la flojera?

Aprender cómo manejar tu tiempo para descansar es lo que separa al débil del fuerte, al tímido del aguerrido, y a los habladores de los que realmente hacen.

Cuando éramos pequeños siempre manejábamos el encontrar actividades que nos mantuvieran ocupados, y nuestro tiempo para descansar estaba muy bajo (recuerdas cuando tus papas te querían mandar a dormir la siesta y tú te negabas?) Conforme hemos crecido, hemos desarrollado el hábito de holgazanear al máximo. Dejamos que esa flojera nos gobierne.

Nos convertimos en la gente del MAÑANA!

"Lo termino mañana, mañana hago el reporte, mañana lo compro, etc, etc." Y la lista continúa.

Déjame compartir contigo el credo a la flojera escrito por Ed Foreman.

Credo a la Flojera

"Algún día cuando crezca, termine la escuela y consiga un buen trabajo, voy a empezar a vivir mi vida del modo que siempre he querido… Algún día cuando la hipoteca de la casa este pagada, mis finanzas estén en línea, y mis hijos crezcan, podre manejar el carro de mis sueños y viajar a lugares excitantes… Algún día, ahora que estoy cerca del retiro y la jubilación, voy a comprarme ese hermoso motor home y viajar por este gran país, y veré todo lo que hay que ver… Algún día."

-Ed Foreman

Nuestra vida es desperdiciada por los pensamientos de algún día. Porque no tomar acción hoy, y comenzar a alcanzar tus metas y tus sueños en vez de continuar deseando y estar esperanzado. Esas dos acciones son excusas para no hacerlo.

Mucha gente vive deseando cosas, se dicen a sí mismos. Cuando me retire, voy a estar más relajado, cuando pagué mi hipoteca tendré más dinero para ahorrar, cuando sea financieramente independiente, yo voy a comenzar a vivir mi vida ideal.

El error más grande aquí es el de esperar a tener, para poder estar más relajado, vivir tu vida ideal, ahorrar más dinero, etc. Porque no lo haces HOY?

Te voy a decir por qué? Puede ser que no te parezca, pero la verdad es que te vuelves conformista. Siempre y cuando tengas apenas lo suficiente para subsistir, piensas que ya con eso, y sin hacer nada al respecto esperas que las cosas se controlen por si solas.

Disculpa que te diga que no eso no es verdad. Si TÚ no tomas acción, nadie lo hará por ti, y ni una sola cosa va a mejorar por mucho que lo desees.

El cambio empieza contigo mismo.

Si quieres dejar de fumar, primero tienes que estar dispuesto a dejar el cigarrillo, pero más que nada reconocer que tienes un problema con el cigarro. Lo mismo es para el que toma, es flojo, etc.

Si realmente quieres más éxito en tu vida, tienes que reconocer que tienes un problema de holgazanería, y estar dispuesto a cambiar.

Deja de vivir en algún día y empieza a vivir en AHORA! Si quieres un auto nuevo, en vez de decir "cuando compre un auto nuevo, viajare con mi familia a todas partes…" cámbialo por algo como "Viajare con mi familia a todos lados de aquí en lo que compro mi nuevo auto…"y crea un plan de acción para comprarte tu nuevo auto, puedes comenzar creando un plan de ahorro para conseguir esa meta. Haz lo mismo con cualquier meta que te propongas.

CUANDO CONSIGAS MOMENTUM MANTEN TU ENFOQUE.

"La llave del éxito es enfocar nuestro consciente en las cosas que deseamos y no a las que les tememos."
-Brian Tracy

Tu enfocamiento tiene que ser como un tren en su vía. Tú eres el conductor y solamente hay una forma de llegar del punto A al punto B.

Vas por la vida así como un tren va por lugares diferentes, la velocidad realmente no importa siempre y cuando llegues a tu destino. Disfruta del paisaje, disfruta tu momento, pero no desenfoques tu meta. Entre más rápido llegues mejor, pero tienes que tener un plan y seguirlo.

Quiero que recuerdes aquellos tiempos cuando eras pequeño y tenías muchísimas ganas de ese juguete (bicicleta, muñeca, carrito, etc.) Recuerdas? Donde estaba tu enfoque todo el tiempo? Ibas a la escuela, hacías tu tarea, salías a jugar con tus amigos, pero siempre tenias en mente la imagen de ese juguete que querías.

Ahora de adulto, tu enfoque y concentración tiene que ser mucho más grande o de pérdida el mismo. Eso te dará la motivación que necesitas para continuar con tu camino al éxito. También vas a experimentar malos tiempos donde todo parece ir en picada, y si comienzas a sentirte aburrido o como si tu entusiasmo estuviera desapareciendo. Piensa y concéntrate en el resultado final de tu meta y así poder encender esa llama otra vez para llegar al final.

No hagas el error más grande que la mayoría de la gente hace. Tampoco te concentres tanto en el resultado final de tu meta, y olvides disfrutar del paisaje en tu camino al éxito. La vida es una experiencia de aprendizaje y como tal, tienes que disfrutar cada momento de ella, porque una vez que pasa, no regresara jamás.

Celebra tus pequeños logros en tu camino al éxito. Cuando finalmente llegues a tu destino, el sentimiento de tu logro será muy poderoso y veras que realmente valió la pena sacrificarse.

En el otro lado, si no disfrutas del viaje en el camino a tu destino,. Una vez que llegues a tu meta va a parecer que nada paso.

Cuando te enfrentes con un reto, no renuncies a tu meta. Haz lo que toda gente exitosa hace. Se convierten en solucionadores de problemas.

Pero, como te conviertes en un solucionador de problemas? Ahorita en tu vida, puede que seas de las personas quejumbrosas cada vez que se enfrentan a un reto. POR QUE? Eso es porque tu nivel de consciencia es muy bajo y tus hábitos no te ayudan en ese campo de batalla.

Piensa en la primera vez que tuviste una llanta ponchada y no sabias como cambiarla. Probablemente estabas frustrado, quejándote de la situación, o de la última persona que utilizo tu carro, o lo reparo, y crees que todo el mundo se viene abajo y todo se convierte en un completo desorden.

Ahora piensa en el mismo escenario, pero esta vez tienes el conocimiento para cambiar la llanta. Esta vez puede que estés un poco descontento con la situación, pero tu nivel de consciencia te permite tomar acción sobre la situación. Sacas el gato hidráulico, la llanta de refacción, la llave de cruz y te pones a trabajar. Ahora ya esta arreglada y de ahí continuas tu camino, verdad?

Cuando te enfrentes a un reto, probablemente no será exactamente como cambiar una llanta, y probablemente no sepas como crear un nuevo habito. Quiero que realices esto ahorita mismo con cualquier problema al que te encuentres actualmente.

Te voy a dar la formula que yo le llamo "El Constructor Mental para la Solución de Problemas."

Esta herramienta te ayudara a entrenar tu mente a trabar para ti, en vez de en tu contra. Te ayudara a crear una mente que sea orientada a las soluciones, en vez de ayudarte a crear quejas y problemas.

Quiero que en este momento escribas en un papel, el reto o el problema al que te estés enfrentando actualmente. Listo? Ahora debajo de ese reto, quiero que escribas 10 posibles soluciones de arreglar ese problema.

Por ejemplo,

Mi Reto es,

Me atrase en las facturas de este mes.

Mis Soluciones

1. *Mandar el pago con urgencia para que lo pague a tiempo.*
2. *Crear un plan de pago automático*
3. *Escribir la fecha en el calendario del día en la cual tengo que mandar el pago.*
4. *Etc.*

Lo que estas haciendo con este ejercicio, es entrenar a tu mente a pensar en soluciones. No quejas.

Quiero que realices esto cada vez que te enfrentes a un reto o problema.

Voy a poner una forma en blanco al final del libro para ayudarte a crecer y a crear tu camino hacia el éxito.

EL NUEVO YO.

Así como empieces a cambiar tus malos hábitos, tus creencias, permanezcas enfocado y crees una mente solucionadora de retos, el individuo exitoso comenzara a surgir.

Serás una persona de poder, dirección y acción planeada. Vencerás creencias falsas las cuales han mantenido tu éxito encarcelado.

Serás abierto a nuevos conceptos, valores y creencias. Tendrás una vida más saludable y vivirás más tiempo. Aprenderás a amarte a ti mismo y a otros con mayor intensidad que antes.

Esto suena como una foto muy brillosa verdad? Y claro que lo es, es la vista de tu nuevo ser, el nuevo YO.

Una vez que apliques los principios contenidos en este libro, vas a despertar al nuevo YO. Esto va a requerir de compromiso en tu parte, y deberás estar dispuesto a sacrificar algo por tu éxito. No existe tal cosa de algo por nada.

Este compromiso de acción será una de las más grandes aventuras de tu vida. Una vez que te comprometas y empieces a alcanzar tus sueños y tus metas, nunca serás el mismo otra vez.

LA FORMULA DE EXITO TRES.

Mis Malos Hábitos

1. _____
2. _____
3. _____
4. _____
5. _____

Mis Nuevos Hábitos de Éxito

1. _____
2. _____
3. _____
4. _____
5. _____

Mi Plan de Acción

1. _____
2. _____
3. _____
4. _____
5. _____

EL CONSTRUCTOR MENTAL PARA LA SOLUCION DE PROBLEMAS.

Mi Reto

_____

_____

_____

_____

_____

_____

Mis Soluciones

1. _____

2. _____

3. _____

4. _____

5. _____

6. _____

7. _____

8. _____

9. _____

10. _____

ULTIMAS PALABARAS

He creado este libro por ti. Quiero ver a cada una de ustedes triunfar.

Quiero que todo mundo crezca y sean mejores, Mejores padres, mejores amantes, mejores amigos, mejores personas.

He aprendido que la mejor manera de ayudar a alguien es estando arriba en la cima. Que quiero decir con esto? Déjame decirte una pequeña historia para explicar lo que quiero decir.

Un muchacho llamado José estaba acampando con su familia, y un día decidió ir a caminar con sus dos hijos. Una caminata por el bosque. Sus hijos tenían la edad de 4 y 5 años respectivamente.

Mientras caminaban, ellos cayeron en un profundo agujero. José corrió a checar a sus hijos haber si estaban bien. Después de checarlos comenzó a planear una estrategia para sacar a todos del gran agujero.

Al principio parecía fácil, trato cargar a sus hijos y empujarlos hacia la cima, se dijo a sí mismo "si los empujo hacia la cima, ya inventare algo para salirme yo solo."

Fue un plan algo complicado. El no podía empujar a sus hijos lo suficientemente arriba para que ellos lograran salir del agujero.

Entonces trato un plan diferente, pero iba a requerir dejar a sus hijos solos por unos minutos hasta que encontrara la salida. Tenía que estar dispuesto a sacrificar algo para lograr su objetivo de liberar a todos.

Hablo con sus hijos y les dijo "Vamos a jugar a un juego, en lo que ustedes juegan a construir cosas con estas ramas, yo voy a encontrar la forma de salirnos." Ellos accedieron y José salió en busca de la salida, dejando a sus hijos de 4 y 5 años de edad por si solos en medio del bosque.

Realmente asustante, pero José sabía que era la única forma de salirse. Después de 5 minutos sorpresivamente, José llego a la cima, se apresuro a ir al agujero en el que se encontraban sus hijos, y los niños seguían jugando lo que su papa los había dejado jugando.

José ahora para en la cima, se le hizo mucho más fácil agacharse y estirar su mano hasta que sus hijos pudieron agarrarle la mano. Una vez que se alcanzaron, José pudo con mayor facilidad jalar a sus hijos hacia la cima y sacarlos del agujero en el que estaban.

En ese momento José aprendió una de las lecciones más importantes de su vida.

Aprendió que la mejor forma de ayudar a alguien a salir de algún problema, era mucho más fácil estar en la cima y jalarlos hacia donde él estaba, que tratar de empujarlos hacia arriba, el cual era más difícil y no era una de las mejores vistas.

Si realmente quieres ayudar a alguien, AHORA ya sabes que la mejor manera es estando en la cima y jalarlos hasta tu nivel. En vez de ser el escalón de todo mundo para que ellos te pisen. La mejor manera de ayudar a los pobres, es no convertirse en uno de ellos.

Por Tu Éxito,

Jorge Fernández de Córdova

Para testimonios o Comentarios,

Escribanos a:

support@successismylife.com

o Visita nuestro sitio de internet a:

www.successismylife.com

www.ingramcontent.com/pod-product-compliance
Lightning Source LLC
Chambersburg PA
CBHW032035090426
42741CB00006B/819